W9-BGB-670

Desastres

EL HUNDIMIENTO DEL TITANIC

Por Therese Shea
Traducido por Esther Sarfatti

Gareth Stevens
PUBLISHING

Please visit our website, www.garethstevens.com. For a free color catalog of all our high-quality books, call toll free 1-800-542-2595 or fax 1-877-542-2596.

Cataloging-in-Publication Data

Shea, Therese.
  El hundimiento del Titanic / Therese Shea, translated by Esther Sarfatti.
    pages cm — (Desastres)
  Includes bibliographical references and index.
  ISBN 978-1-4824-3242-8 (pbk.)
  ISBN 978-1-4824-3240-4 (6 pack)
  ISBN 978-1-4824-3238-1 (library binding)
  1. Titanic (Steamship)—Juvenile literature. 2. Shipwrecks—North Atlantic Ocean—Juvenile literature. I. Title.

  G530.T6S43 2015
  910.9163'4—dc23

First Edition

Published in 2016 by
Gareth Stevens Publishing
111 East 14th Street, Suite 349
New York, NY 10003

Copyright © 2016 Gareth Stevens Publishing

Designer: Katelyn E. Reynolds
Editor: Therese Shea

Photo credits: Cover, p. 1 OFF/AFP/Getty Images; cover, pp. 1–32 (background texture) 501room/Shutterstock.com; pp. 5, 7 Robert John Welch (1859-1936), official photographer for Harland & Wolff/Wikipedia.org; pp. 9, 17, 23 (top) Hulton Archive/Getty Images; pp. 10, 22 Universal Images Group/Getty Images; p. 11 Soerfm/Wikipedia.org; p. 13 (top) New York Times/Wikipedia.org; p. 13 (bottom) Culture Club/Getty Images; p. 15 (main) Topical Press Agency/Getty Images; pp. 15 (map), 20 Dorling Kindersley/Getty Images; p. 16 The chief steward of the liner Prinz Adalbert/Wikipedia.org; p. 19 Peter Jackson/ The Bridgeman ArtLibrary/Getty Images; p. 21 (top) Popperfoto/Getty Images; p. 21 (bottom) Bain News Service, publisher/Wikipedia.org; p. 23 (bottom) Library of Congress; p. 27 Emory Kristof/National Geographic/Getty Images; p. 29 Courtesy of NOAA/Institute for Exploration/University of Rhode Island (NOAA/IFE/URI)/Wikipedia.org.

Printed in the United States of America

CPSIA compliance information: Batch #CS15GS: For further information contact Gareth Stevens, New York, New York at 1-800-542-2595.

CONTENIDO

Las palabras del glosario se muestran en **negrita** la primera vez que aparecen en el texto.

CRUZAR EL ATLÁNTICO EN BARCO

Imagínate que tuvieras que viajar a lugares lejanos en barco. Antes de que existieran los aviones, eso es exactamente lo que hacía la gente. No era una forma rápida de viajar, pero a veces era la única forma. Naturalmente, los viajeros querían que los barcos fueran rápidos y además confortables.

A principios del siglo XX, había dos compañías navieras que competían por construir los mejores barcos para el transporte de pasajeros entre Europa y Estados Unidos. Estas navieras eran Cunard Line y White Star Line. En 1907, Cunard construyó los barcos de pasajeros más rápidos conocidos hasta entonces: el *Lusitania* y el *Mauretania*. Para contrarrestar esta acción, White Star decidió construir tres barcos de lujo. Uno de ellos era el *Titanic*, el barco que se hundiría en el océano Atlántico unos años más tarde.

Datos Importantes

El *Lusitania* fue hundido por un submarino alemán el 7 de mayo de 1915, y perecieron aproximadamente unos 1,200 pasajeros. Esta fue una de las razones por la que Estados Unidos entró en la Primera Guerra Mundial (1914-1918).

Construir barcos transatlánticos era un trabajo enorme.
En esta foto se puede apreciar lo grandes que eran estos barcos.

HARLAND Y WOLFF

La naviera White Star Line no construía sus propios barcos. Normalmente los encargaba a una empresa irlandesa llamada Harland y Wolff. Los tres barcos de lujo que White Star les encargó eran el *Olympic*, el *Titanic* y el *Britannic*. La construcción del *Olympic* comenzó unos meses antes que la del *Titanic*. Ambos barcos se construyeron prácticamente a la misma vez y eran conocidos como "los barcos hermanos" porque eran muy parecidos. A diferencia del desafortunado *Titanic*, el *Olympic* continuó en servicio hasta 1935.

5

EN CONSTRUCCIÓN

La construcción del *Titanic* comenzó el 31 de marzo de 1909 en los astilleros de Harland y Wolff en Belfast, Irlanda. El transatlántico, diseñado por Thomas Andrews, era lo más lujoso que se había construido hasta entonces. Tenía un comedor de primera clase, cuatro ascensores, una gran escalinata y una piscina. Los camarotes de la segunda clase eran como los camarotes de la primera clase de otros barcos; incluso los de la tercera clase destacaban por su confort. También disponía de una biblioteca, un gimnasio, un restaurante, una sala de lectura, otras áreas de amenidades y varias cubiertas para uso de los pasajeros.

Cuando se terminó de construir, el RMS *Titanic* era el barco de pasajeros más grande de su época. Medía 882 pies (269 m) de largo y 92.5 pies (28 m) en su punto más ancho.

Datos Importantes

El *Titanic* tenía 29 calderas enormes que alimentaban dos motores de vapor.

Esta es una fotografía del RMS *Titanic* en plena construcción. Las letras "RMS" (*Royal Mail Steamship* en inglés) significan que estos barcos, además de pasajeros, transportaban correo.

CLASES

El *Titanic* tenía tres clases de **alojamiento**. La primera clase era la más lujosa y cara. Normalmente, solo las personas muy ricas podían permitirse el lujo de viajar en primera clase. La segunda clase era menos costosa. Los camarotes de tercera clase eran los más económicos, con un costo de alrededor de $20 el pasaje del viaje transatlántico. Había espacio para unos 700 pasajeros en tercera clase, más que en la primera y la segunda clase combinadas. Las compañías ganaban la mayor parte de sus beneficios con los pasajeros de tercera clase, razón por la cual les interesaba que los camarotes fueran cómodos.

"PRÁCTICAMENTE INSUMERGIBLE"

El *Titanic* fue construido teniendo en cuenta principalmente la seguridad, pero lamentablemente hubo graves fallos en este aspecto. El barco tenía doble fondo y 16 **mamparos** con puertas herméticas que se podían abrir desde el **puente de mando**. La revista *Shipbuilder* había publicado que los transatlánticos con este tipo de diseño eran "prácticamente insumergibles". Sin embargo, había un problema: si el agua entraba en uno de los compartimentos, podía pasar al siguiente y así sucesivamente.

Además, el número de plazas en los botes salvavidas era menor que el número de pasajeros. En los 20 botes salvavidas, había plazas para 1,178 personas, pero el barco tenía capacidad para 2,435 pasajeros y una tripulación de unas 900 personas. Por lo tanto, aproximadamente solo una tercera parte de las personas a bordo tendría acceso a un bote salvavidas.

Datos Importantes

Los constructores del *Titanic* aseguraron que en el caso de que cuatro compartimientos se inundaran, el barco no se hundiría.

Según *National Geographic*, la naviera White Star y la Junta de Comercio Británica pensaron que si había demasiados botes salvavidas a bordo, podría dar la impresión de que el barco no era seguro. En esta foto, tomada antes del desastre, se ven los botes salvavidas en la cubierta.

¿DE QUIÉN FUE LA CULPA?

El *Titanic* tenía sitio para 48 botes salvavidas que podrían haber salvado a todos los que estaban a bordo del barco. Pero, ¿de quién fue la culpa de que no llevara suficientes botes? Podríamos decir que la culpa fue de White Star. La empresa se esforzó mucho en fabricar un barco lujoso, pero también podría haber tenido en consideración la seguridad de los pasajeros. Sin embargo, es posible que pensaran que el barco era muy seguro. De hecho, el número de botes salvavidas que llevaba el *Titanic* excedía los requisitos fijados por la Junta de Comercio Británica en ese momento.

El *Titanic* fue botado al mar por primera vez el 31 de mayo de 1911, ante la mirada de unos 100,000 espectadores. Sin embargo, en ese momento solamente estaban listos el casco, o cuerpo, y la estructura principal del barco. Fue remolcado a otro muelle donde miles de trabajadores terminaron su interior. A principios de abril de 1912, el barco hizo varias pruebas de navegación y fue declarado apto para navegar.

El 10 de abril de 1912, el RMS *Titanic* estaba listo para su viaje inaugural. Zarpó desde Southampton, Inglaterra, e hizo escala en Francia e Irlanda. El 11 de abril a la 1:30 p.m., con 2,240 pasajeros a bordo, el *Titanic* puso rumbo a la ciudad de Nueva York.

Entre sus pasajeros se contaban influyentes hombres de negocios y gente famosa, como el millonario John Jacob Astor IV; Isidor Strauss, el dueño de los grandes almacenes Macy's, y el **magnate industrial** Benjamin Guggenheim.

Datos Importantes

A bordo del *Titanic* viajaba el presidente de White Star, J. Bruce Ismay, y Thomas Andrews, el diseñador del barco.

UN MAL COMIENZO

En el viaje inaugural del *Titanic* hubo problemas desde el comienzo. Primero, el carbón en uno de los contenedores de almacenamiento cogió fuego. Como el incendio no parecía grave, se dio la orden a la tripulación de extinguir el fuego mientras el barco zarpaba. Además, en el momento de zarpar del puerto de Southampton, el *Titanic* casi **choca** con otro barco, el SS *New York*. Curiosamente, de haber ocurrido este choque tan cerca del puerto, seguramente se habrían salvado las vidas de los pasajeros del *Titanic*.

AVISOS DE HIELO

El *Titanic* contaba con radios que la tripulación usaba para comunicarse con otros barcos. Los operadores de radio recibieron varios avisos de que había icebergs en la ruta que debía seguir el barco. Sin embargo, durante gran parte de la travesía los pasajeros disfrutaron de buen tiempo y un mar en calma.

En la noche del 14 de abril, al cuarto día de viaje, el barco entró en una zona conocida por haber icebergs. El capitán Edward Smith decidió poner rumbo hacia el sur, aunque el barco mantuvo su velocidad de 22 nudos, o 25 millas (40 km), por hora.

Alrededor de las 9:40 p.m., el barco *Mesaba* envió un aviso de peligro de hielo a los operadores de radio, pero el mensaje no fue entregado al puente de mando. A las 10:55 p.m., el barco *Californian*, que navegaba cerca del *Titanic*, reportó que se había detenido porque había hielo en las cercanías.

Datos Importantes

El operador de radio que recibió el mensaje del *Californian* se disgustó porque la comunicación recibida interrumpió el que él transmitiera los mensajes de los pasajeros.

El capitán Edward Smith se retiró a su camarote alrededor de las 9:20 p.m., el 14 de abril.

¿MALA SUERTE?

Algunas personas creen que el *Titanic* tuvo mala suerte en zarpar hacia Nueva York en un año en el que se reportaron más icebergs en el océano Atlántico Norte de lo normal. Dicen que la proximidad de la Luna con la Tierra el 12 de enero de 1912 creó una marea muy alta que ocasionó que muchos icebergs se desprendieran tres meses antes de la colisión del *Titanic*. No obstante, otros dicen que hoy en día hay muchos más icebergs y que las posibilidades de chocar con uno son incluso mayores.

"¡ICEBERG A LA VISTA!"

El barco tenía una **cofa** desde donde la tripulación podía mantener una vigilancia para avistar cualquier peligro. Aquella noche estaban de turno Frederick Fleet y Reginald Lee. Sin embargo, al no disponer de **binoculares**, su trabajo era más difícil. Alrededor de las 11:40 p.m., cuando el barco estaba a unas 400 millas náuticas (740 km) al sur de Terranova, Canadá, Fleet divisó un iceberg y enseguida dio la voz de alarma: "¡Iceberg a la vista!". A continuación hizo sonar la campana y telefoneó al puente de mando.

El oficial que estaba a cargo, el primer oficial William Murdoch, dio órdenes rápidamente de dar marcha atrás y girar el timón a **estribor** (a la izquierda). Pero fue demasiado tarde y las cubiertas fueron salpicadas con trozos de hielo. En un principio se pensó que habían logrado evitar el choque. Llamaron al Capitán Smith y éste, junto con el diseñador del barco, Thomas Andrews, bajaron a inspeccionar el daño.

Datos Importantes

Muchos piensan que si el *Titanic* no hubiera girado, el daño no hubiera sido tan grave.

14

En esta foto, el Capitán Smith aparece en el extremo derecho y el lugarteniente Murdoch en el extremo izquierdo. Ambos se hundirían con el barco.

England
Ireland
France

New York City

REFLEJOS DE LUZ

Frederick Fleet informó que había una especie de **bruma** aquella noche que hacía aún más difícil avistar icebergs. Es posible que esto se debiera a un resplandor creado por el reflejo de la luz sobre el hielo. Según algunos investigadores, había cantidades suficientes de hielo en el océano aquel día para que se produjera este fenómeno. De hecho, muchos han dicho que fue extraño que el *Titanic* no chocara con un iceberg antes. Cuando Fleet divisó el iceberg, el barco viajaba demasiado rápido para poder evitarlo.

Lo que Smith y Andrews vieron bajo cubierta los dejó horrorizados. La banda de estribor del barco había rozado el iceberg, ocasionando un corte de unos 300 pies (91 m) de largo. Al menos cinco de los compartimentos herméticos del barco se estaban llenando rápidamente de agua. Como estos compartimentos estaban localizados en la proa, o la parte delantera del barco, Andrews se dio cuenta enseguida de que esa parte pronto comenzaría a hundirse. Según sus cálculos, al *Titanic* le quedaban unos 90 minutos a flote.

Los operadores de radio comenzaron a enviar mensajes de auxilio a los barcos cercanos. Sin embargo, nadie sabía cuándo llegaría la ayuda. Estaba claro que había que evacuar el barco. Aproximadamente una hora después de la colisión, el capitán ordenó que la gente comenzara a subir a los botes salvavidas.

Datos Importantes

El barco hermano del *Titanic*, el *Olympic*, también recibió la llamada de socorro. Sin embargo, estaba demasiado lejos para poder ayudar.

TAN CERCA Y A LA VEZ TAN LEJOS

Había un barco a la vista del *Titanic*, pero los operadores de radio no pudieron establecer contacto con él. El *Californian*, el barco que había avisado al Titanic de la presencia de hielo, estaba cerca, pero había apagado la radio. El *Carpathia*, un barco de la naviera Cunard, recibió la llamada de socorro alrededor de las 12:20 a.m. y se dirigió en dirección al *Titanic* para socorrerlos. Sin embargo, le tomaría más de 3 horas en llegar hasta el *Titanic*, que se hundía rápidamente.

EL INSUMERGIBLE SE HUNDE

El barco se inundaba rápidamente, pero en cubierta casi no se notaba, al menos al principio. Los pasajeros confiaban en que viajaban en un barco "insumergible". No creían que el barco podría hundirse. Sin embargo, cuando el *Titanic* comenzó a inclinarse peligrosamente, cundió el pánico.

El barco no estaba bien preparado para una posible evacuación. Según la ley de navegación, las mujeres y los niños eran los primeros en ocupar los botes salvavidas, antes de que los hombres. Sin embargo, muchas mujeres y niños habían quedado atrapados en los camarotes de abajo, por lo que no pudieron salvarse. Además, debido al pánico y la confusión, se echaron al mar botes salvavidas en los que todavía quedaban plazas libres. Cuando al fin fueron rescatados, solamente había un total de 705 supervivientes en los botes, a pesar de que había espacio para más de 1,100.

Datos Importantes

Dos de los nueve perros que estaban a bordo, fueron evacuados en los botes salvavidas.

Algunos pasajeros, desesperados al no poder entrar en los botes salvavidas, saltaron a las heladas aguas del Atlántico.

¿POR QUÉ TAN POCOS?

Cada bote salvavidas del *Titanic* podía acomodar 65 personas. Sin embargo, el primero se fue con solo 27 o 28 pasajeros. En otros hubo aún menos gente. Es posible que hubiera otra razón detrás de esto, además de la mala organización. Tal vez los tripulantes temían que la grúa o el pescante, que se utilizaba para bajar los botes al agua, no resistiría el peso del bote lleno. Aunque estaba programada para aquel día una prueba de salvamento, lamentablemente no se llevó a cabo.

19

Puesto que las mujeres y los niños fueron los primeros en ocupar los botes salvavidas, algunas familias tuvieron que separarse. Otras se negaron, prefiriendo morir juntos que vivir sin sus seres queridos. Este fue el caso de Isidor Straus y su esposa Ida. Los dos volvieron a su camarote para, juntos, esperar la muerte. Benjamin Guggenheim también demostró ser valiente a la hora de enfrentar su destino. Después de ponerse un traje de noche y volver a salir a cubierta, supuestamente dijo: "Nos hemos vestido con nuestras mejores galas y estamos preparados para hundirnos como caballeros".

La proa del *Titanic* siguió hundiéndose cada vez más, haciendo que la popa se elevara y quedara fuera del agua. El barco se partió por la mitad alrededor las 2:18 a.m. La proa se hundió primero, y la popa a las 2:20 a.m., sumergiendo a cientos de pasajeros todavía en cubierta en las heladas aguas del Atlántico.

Datos Importantes

Algunos hombres, la mayoría de ellos de edad avanzada, subieron a los botes salvavidas. Sin embargo, algunos hombres más jóvenes, como J. Bruce Ismay, el presidente de White Star, quedaron como cobardes cuando lo hicieron.

Apenas tres horas después de chocar con el iceberg, el *Titanic* había quedado completamente sumergido.

Margaret Brown

LA INSUMERGIBLE MOLLY BROWN

Margaret "Molly" Brown era una rica heredera que viajó en el Titanic. Ayudó a los demás a mantener la calma mientras se llenaban los botes salvavidas. Tuvieron que obligarla a subir a uno de los últimos botes. Después del desastre, Brown se dedicó a ayudar a los demás supervivientes, creó una fundación para las familias de las víctimas y contribuyó a la construcción del monumento en memoria del *Titanic* en Washington, DC. Utilizó su fama para promover los derechos de la mujer y de los trabajadores, así como la educación de los niños. La obra de teatro y la película tituladas *The Unsinkable Molly Brown* (La insumergible Molly Brown) se basan en su historia.

Una vez que el barco se hundió, algunos de los pasajeros en los botes salvavidas se negaron a volver para rescatar a las personas que habían caído al agua. Les preocupaba que subiera demasiada gente a los botes y que estos se hundieran también. En cambio, otras personas, entre ellas Molly Brown, imploraron con los otros pasajeros para regresar y rescatar otras personas. Pero en lo que los botes salvavidas tardaron en llegar, la mayoría de los que habían caído al agua helada, habían perecido. En total, 1,500 personas perdieron la vida.

Finalmente, el *Carpathia* alcanzó a los botes salvavidas alrededor de las 3:30 a.m. Recogió a los supervivientes y puso rumbo a Nueva York. Las noticias en los periódicos sobre el *Titanic* eran diarias. La gente quería saber qué había pasado y por qué. En Estados Unidos y en Gran Bretaña comenzaron las investigaciones sobre este desastre.

Datos Importantes

La temperatura de las aguas del océano Atlántico Norte la noche del desastre era de 28 °F (-2 °C), por lo que la mayoría de la gente que cayó al agua falleció de **hipotermia**.

Cuando el *Carpathia* llegó al puerto de Nueva York, miles de personas estaban allí para recibir a los supervivientes.

ALARMA SILENCIOSA

No llegó a sonar ninguna alarma general que se pudiera oír en todo el *Titanic*. Es posible que muchos de los pasajeros de tercera clase ni siquiera supieran que debían subir a cubierta para subir a los botes salvavidas. Cuando se dieron cuenta de lo que ocurría, los botes ya se habían ido. Quizás otros dormían en sus camarotes y cuando despertaron ya estaban atrapados bajo cubierta. La mayor parte de las personas que murieron a bordo del *Titanic* eran tripulantes o pasajeros de tercera clase.

INVESTIGACIONES

La investigación del hundimiento del *Titanic* llevada a cabo en Estados Unidos declaró culpable a la Junta de Comercio Británica por no tener mejores normas de seguridad e inspecciones. También echó la culpa al Capitán Smith, quien se hundió con el barco, por no reducir la velocidad a pesar de los avisos repetidos de la presencia de hielo. Finalmente, criticó al *Californian*, por haber ignorado las señales de socorro del *Titanic*.

La investigación británica la realizó la Junta de Comercio Británica. Su informe final decía: "La pérdida de dicho barco se debió a un choque con un iceberg, causado por la velocidad excesiva a la que el barco navegaba". Sin embargo, el juez principal de la investigación dijo que el capitán había actuado como lo habría hecho cualquier otro capitán. Esta investigación también echó parte de la culpa, por la pérdida de vidas humanas, al *Californian*.

Datos Importantes

Algunas personas culpan a J. Bruce Ismay por la velocidad del Titanic. Dicen que ordenó al capitán que rompiera un récord de velocidad.

LÍNEA DEL TIEMPO DE LA TRAGEDIA DEL *TITANIC*

10 DE ABRIL DE 1912
- **9:30 a.m.** - Los pasajeros comienzan a embarcar en el RMS *Titanic* en Southampton, Inglaterra.
- **mediodía** - El *Titanic* sale del puerto para hacer su viaje inaugural, haciendo escala en Francia.
- **8:10 p.m.** - El *Titanic* sale de Francia con rumbo a Irlanda.

11 DE ABRIL DE 1912
- **1:30 p.m.** - El *Titanic* pone rumbo a la ciudad de Nueva York desde Irlanda.

14 DE ABRIL DE 1912
- **9:40 p.m.** - El *Mesaba* envía un aviso de que hay hielo por el camino.
- **10:55 p.m.** - El *Californian* informa que se ha detenido por culpa del hielo.
- **11:40 p.m.** - Un vigía del *Titanic* avisa que hay un iceberg a la vista.

15 DE ABRIL DE 1912
- **12:20 a.m.** - El *Carpathia* recibe una llamada de socorro del Titanic.
- **2:18 a.m.** - El *Titanic* se parte en dos. Se hunde la proa.
- **2:20 a.m.** - Se hunde la popa del *Titanic*.
- **3:30 a.m.** - El *Carpathia* alcanza los botes salvavidas del *Titanic*.

18 DE ABRIL DE 1912
- El *Carpathia* llega a Nueva York con 705 supervivientes.

¿OPINIONES INJUSTAS?

Según la investigación británica, el *Californian* "pudo haber salvado muchas vidas, si no todas." ¿Era justo afirmar esto? La tripulación del *Californian* insistió en que estaba demasiado lejos como para oír y ver las señales de socorro. Sin embargo, las investigaciones de Estados Unidos y Gran Bretaña dieron por sentado que el barco estaba más cerca de lo que alegaron. Algunas personas creen que el barco más cercano en realidad era uno de Noruega que cazaba focas ilegalmente.

EL TITANIC BAJO EL AGUA

Durante décadas, el *Titanic* se quedó intacto en el fondo del océano. Los exploradores no tenían la **tecnología** necesaria para poder localizarlo hasta más entrado el siglo XX. El 1 de septiembre de 1985, Robert Ballard y una expedición de investigación lanzó un **sumergible** llamado *Argo* a unos 13,000 pies (4 km) de profundidad en el océano Atlántico Norte. La cámara del *Argo* envió imágenes del barco a los investigadores.

Desde entonces, muchas expediciones han llegado hasta el *Titanic*. Sus hallazgos han dado lugar tanto a preguntas como a respuestas. Muchos pensaban que verían grandes agujeros en el barco por su colisión con el iceberg. Pero, por el contrario, encontraron muchos cortes finos y grietas. Las placas de acero de su casco se separaron, lo cual ha hecho que algunos se pregunten si parte del daño se debió al uso de acero de baja calidad o remaches débiles.

Datos Importantes

¡Hay organismos minúsculos en el océano que comen el hierro de los restos del naufragio del *Titanic*!

EL DESCUBRIMIENTO DE ARTEFACTOS

Muchos de los **artefactos** recuperados del *Titanic* nos revelan cosas acerca de la vida y de las personas de aquella época. Entre ellos hay botellas de perfume, zapatos, adornos, los boletos de los pasajeros, cartas, joyas, cámaras, etc. Muchos museos albergan artefactos del *Titanic*, entre ellos el Smithsonian en Washington, DC. También se han vendido algunos de los objetos encontrados. En el 2013, se vendió por $1.7 millones el violín que el director de la orquesta del *Titanic* tocó hasta el final para calmar a los pasajeros mientras el barco se hundía.

27

LEGADO

El triste destino del *Titanic* tuvo una influencia positiva sobre los viajes transatlánticos posteriores al desastre. En 1913, tuvo lugar el primer Convenio Internacional para la Seguridad de la Vida Humana en el Mar, en Londres, Inglaterra. Una de las normas que se acordó fue que tenía que haber suficientes plazas en los botes salvavidas para todas las personas a bordo de un barco. Otra fue que todos los barcos tenían que tener un servicio de radio disponible las 24 horas del día para poder recibir y enviar posibles llamadas de socorro de otros barcos.

Aunque muchas personas perdieron su vida, muchas más se salvarían gracias a estas y otras normas establecidas en los años siguientes. Aunque el RMS *Titanic* estuviera destinado a hundirse, los transatlánticos futuros continuarían cruzando el Atlántico, sin olvidar nunca la lección aprendida del hundimiento del *Titanic*, aquella fría noche del mes de abril.

Datos Importantes

Después del hundimiento del *Titanic*, se formó la Patrulla Internacional del Hielo para avisar a los barcos de la presencia de icebergs en el océano Atlántico Norte y para abrir camino en el hielo.

El barco está cubierto con algo parecido a estalactitas oxidadas, pero que en realidad son comunidades de bacterias.

EXPLORANDO EL *TITANIC*

James Cameron, el director de la película *Titanic*, de 1997, ha hecho más de 30 viajes exploratorios al lugar de descanso del *Titanic*. Sus exploraciones lo ayudaron a construir el escenario de la película. En el año 2012, pilotó el sumergible *Mir 1* hasta los restos del barco y usó un robot de control remoto para explorar las cubiertas interiores. Muchas de las ventanas, camas y otras instalaciones están intactas. Algunos camarotes parecen estar en buenas condiciones.

29

GLOSARIO

alojamiento: lugar donde los viajeros pueden dormir y tener acceso a otros servicios

artefacto: objeto hecho por el hombre

binoculares: instrumento óptico portátil compuesto de dos telescopios y un dispositivo de enfoque

bruma: niebla que se forma sobre el mar

cofa: una plataforma de paredes bajas ubicada en lo alto de un barco desde la cual se pueden ver cosas a distancia

estribor: el lado del barco que queda a la derecha cuando uno mira hacia el frente

hipotermia: temperatura corporal peligrosamente baja causada por el frío

magnate industrial: persona importante que es dueña o gerente de una industria

mamparo: pared que separa las diferentes partes de un buque o una aeronave

puente de mando: la parte delantera de la estructura de un buque, desde la cual se navega

sumergible: una pequeña nave que funciona bajo el agua y que se usa sobre todo para la investigación

tecnología: conjunto de conocimientos y medios técnicos aplicados al desarrollo de una actividad

PARA MÁS INFORMACIÓN

LIBROS

Callery, Sean. *Titanic*. New York, NY: Scholastic, 2014.

Stewart, David. *You Wouldn't Want to Sail on the Titanic! One Voyage You'd Rather Not Make*. New York, NY: Franklin Watts, 2013.

Stewart, Melissa. *Titanic*. Washington, DC: National Geographic, 2012.

SITIOS DE INTERNET

El *Titanic*
ngm.nationalgeographic.com/2012/04/titanic/cameron-text
Lee acerca del "recorrido fantasma" que hizo James Cameron en el *Titanic*.

El *Titanic*: hundiendo los mitos
www.bbc.co.uk/history/british/britain_wwone/titanic_01.shtml
Lee más acerca de las personas y de los eventos ocurridos a bordo del *Titanic*.

ÍNDICE